LE RENOUVELLEMENT

DE LA

LOI DES PRIMES

A LA SÉRICICULTURE ET A LA FILATURE

en 1908

LYON

IMPRIMERIE A. REY & Cie

4, RUE GENTIL, 4

1907

LE RENOUVELLEMENT

DE LA

LOI DES PRIMES

A LA SÉRICICULTURE ET A LA FILATURE

en 1908

LYON

IMPRIMERIE A. REY & Cie

4, RUE GENTIL, 4

1907

LE RENOUVELLEMENT

DE LA

LOI DES PRIMES

A LA SÉRICICULTURE ET A LA FILATURE

en 1908

Une grave question agite en ce moment notre région des Cévennes, celle du renouvellement de la loi des primes qui arrive à son terme dans quelques mois.

L'avenir, l'existence de la production séricicole sont liés au maintien de ce régime.

Il est naturel que les intéressés s'en préoccupent vivement.

On connaît l'économie de la loi :

Il est alloué annuellement à la sériciculture 60 centimes par kilogramme de cocons frais récoltés en France et à la filature 400 francs par bassine fonctionnant pendant 300 journées de dix heures, avec une retenue de 25 centimes par kilogramme de cocons secs étrangers employés par elle.

D'une façon générale, sériciculteurs et filateurs s'accorden pour souhaiter le maintien du *statu quo.*

Cependant un certain nombre d'entre eux voudrait demander davantage. Je pense qu'il ne serait pas prudent de le faire.

Une modification des dispositions de la loi actuelle entraînerait une discussion dont notre cause ne tirerait ancun profit; en nous bornant à réclamer son renouvellement pur et simple, nous nous assurerons au contraire de grandes chances de succès.

Au Parlement, disait un jour quelqu'un, rien ne réussit mieux que les atermoiements et le *statu quo*.

Nous avons une situation acquise excellente; en nous y tenant, nous ferons acte de sagesse. Nous sommes *beati possidentes,* c'est une excellente posture. D'ailleurs, ce n'est point un privilège, c'est simplement notre place au soleil que nous réclamons.

Chacun sait, en effet, que si ce régime exceptionnel des Primes a été concédé à la production du cocon et de la soie, ce n'est point parce que les Pouvoirs Publics ont voulu lui attribuer — quelqu'intéressante qu'elle soit — une situation privilégiée, c'est qu'ils ont tenu à lui donner une compensation pour les droits qu'elle demandait et qu'on ne lui a pas accordés, sur les produits similaires venant de l'étranger.

Lors de la discussion devant le Parlement, des considérations qu'on ne pouvait négliger intervinrent en faveur des intérêts du tissage, du moulinage et du marché de Lyon, qui ont amené nos législateurs à adopter cet expédient des Primes.

Il n'apparaît donc pas qu'il y ait place pour une controverse sur l'opportunité nouvelle de ce régime, simple équivalent des droits refusés, pas plus qu'il ne saurait venir à l'idée de qui que ce soit de modifier les tarifs qui protègent nos autres produits nationaux.

Je ne suppose pas que personne songe à contester à la sériciculture et à la filature leur droit à l'existence garanti par le régime actuel.

Pourtant il est juste de reconnaître que, par le vote de la loi, le Parlement a fait pour elles tout ce qu'il devait. Il convient de lui en savoir gré ; lui demander plus serait faire montre d'une ambition exagérée.

Il n'y a pas que les intérêts séricicoles en France qui sollicitent l'attention des Pouvoirs Publics et il ne faut pas oublier que l'élasticité du budget n'est pas indéfinie.

Il serait donc, à mon avis, impolitique de réclamer autre chose. J'espère du reste que, sur ce point, la réflexion aidant, l'unanimité ne tardera pas à se faire.

Il n'en sera peut-être pas de même, je le crains, sur un autre sujet qui, sans qu'on se l'explique bien, passionne certains esprits.

Je veux parler de la question subsidiaire du cocon étranger.

En 1898, lors du renouvellement de la loi des primes, dont la première application remonte à 1892, il fut décidé comme je l'ai dit plus haut, que toute bassine filant des cocons étrangers ne recevrait plus qu'une prime différentielle, c'est-à-dire que sa subvention serait de 340 francs au lieu de 400 francs, différence transformée dans la pratique en une retenue de 25 centimes par kilogramme de cocons secs filés.

Les partisans et promoteurs de cette mesure, pour la justifier, soutinrent avec plus d'opiniâtreté que de raison qu'il ne fallait pas que les cocons français et les cocons étrangers fussent l'objet d'un traitement égal, *ni que l'argent français risquât de favoriser la sériciculture étrangère au détriment de la sériciculture nationale.*

Ce fut dans cette formule habilement trouvée qu'ils condensèrent leur argumentation. Or, dans notre bon pays, avec une formule heureuse, on peut tout faire admettre, tout faire passer.

En réalité, l'argumentation n'était que spécieuse et ne supportait pas l'examen.

Néanmoins la filature, après avoir protesté contre cette injustifiable réduction, obéissant à ses sentiments de conciliation, finit par céder, ne voulant pas être accusée de retarder ou d'entraver le vote de la loi.

En quoi elle eut doublement tort ; d'abord parce que la loi eût été votée tout de même sans cette concession ; ensuite parce qu'on ne lui en a su aucune espèce de gré, pas plus d'ailleurs que de l'élévation à 60 centimes de la prime à la sériciculture, due à ses seuls efforts.

Il était permis de supposer qu'après quelques années d'une expérience concluante, on aurait reconnu que la prime différentielle n'avait produit d'autre effet que d'occasionner une perte inutile à la filature.

Il n'en est rien. Ses partisans sont aujourd'hui tout aussi ardents à la défendre qu'en 1898.

Bien mieux, ils la veulent plus importante ; et s'ils n'exigent pas encore la prohibition du cocon étranger, il ne s'en faut pas de beaucoup.

Il ne me sera pas difficile de leur démontrer qu'ils vont à l'encontre des intérêts qu'ils prétendent défendre.

La loi des Primes confond dans son économie générale la sériciculture et la filature, ces deux sœurs siamoises, comme on les a si justement appelées; mais la part faite à chacune d'elles est distincte.

La sériciculture reçoit, comme *produit agricole*, 60 centimes par kilogramme, telle est sa part; la filature, comme *produit industriel* reçoit 400 francs par bassine, telle est la sienne.

Tout en les ayant unies dans une seule loi, le législateur a eu un objectif différent pour chacune d'elles. C'est, d'un côté le *travail des champs* qui est protégé, de l'autre le *travail de l'usine*. A chacun son lot.

Dès lors, il y a lieu de se demander pourquoi les sériciculteurs partisans de la Prime différentielle veulent restreindre la part de la filature et comment ils peuvent concevoir que cette réduction favorise la cause qu'ils soutiennent.

Que le travail de la bassine soit alimenté par tels ou tels cocons, il n'importe, puisque c'est ce travail qu'on a voulu exclusivement protéger. C'est le sort de l'ouvrier et de l'industriel qu'on a entendu défendre.

Que viennent faire alors sur ce point l'intervention et la prétention de la sériciculture? N'est-elle pas largement nantie, protégée et encouragée par ses 60 centimes par kilogramme?

Que veut-elle de plus?

Souhaiterait-elle par hasard une augmentation de prime obtenue par la diminution de celle de la filature? C'est une supposition permise, car vraiment cet ostracisme du cocon étranger ne s'explique pas autrement.

Non seulement les intérêts de la sériciculture ne sont pas lésés par ce cocon, mais il les sert au contraire et les

servira jusqu'au jour où la récolte française suffira à approvisionner complètement la filature.

La production annuelle des cocons en France est de sept à huit millions de kilogrammes en moyenne.

Pour alimenter ses bassines pendant toute l'année, il en faut à la filature dix à onze. Afin de trouver ce qui lui manque, elle recourt aux cocons étrangers dont Marseille est le marché. On lui en fait un crime. Pourquoi ?

Si elle emploie ces cocons afin de maintenir jusqu'au bout ses bassines en activité et qu'on lui impose une prime différentielle, on fausse le principe de la loi, et la filature est mise dans une situation d'infériorité à l'égard de ses concurrents étrangers, contre lesquels on a tenu précisément à la défendre, par cette subvention de 400 francs, reconnue comme lui étant *absolument indispensable*.

Si, ne voulant pas courir le risque de lutter à armes inégales, le filateur renonce aux cocons étrangers, il ne lui reste plus qu'un parti à prendre ; celui de fermer temporairement ses ateliers.

A-t-on bien réfléchi à cette éventualité et à ses conséquences ?

A-t-on pensé à tout ce personnel privé de son travail, que la loi a voulu expressément sauvegarder au même titre que le travail agricole ?

Pour donner du superflu à la sériciculture, voudrait-on priver du nécessaire l'ouvrier de la filature ?

Ce serait une façon originale de comprendre et d'appliquer les idées de solidarité et de mutualité si en honneur dans le temps présent.

Mais ce n'est pas tout. Cette cessation temporaire de

travail entraînerait pour l'industriel des frais supplémentaires qui viendraient singulièrement augmenter le prix de revient de ses soies filées uniquement avec des cocons français.

Sur quoi chercherait-il à les récupérer, si ce n'est sur le prix des cocons français eux-mêmes.

Et quand, au bout de cette période de chômage, il voudrait, avec les cocons nouveaux, remettre son atelier en activité, croit-on qu'il retrouverait tout son personnel?

Ce serait donc la désorganisation partielle ou totale de toute usine qui aurait chômé, entraînant la diminution du nombre des ateliers, partant des filateurs et, par voie de conséquence, la *diminution du nombre des acheteurs de cocons français.*

Je défie bien que l'on me prouve que ce ne soit pas là l'issue fatale de cette campagne irréfléchie, si ses promoteurs arrivaient à leurs fins, c'est-à-dire à la restriction de plus en plus grande, et même — car c'est là au fond l'objectif — à l'interdiction de l'emploi du cocon étranger, comme s'il était possible de le proscrire et de le consigner à la frontière !

Ne comprend-on pas que, s'il n'entrait plus comme cocon, il entrerait tout aussi librement *transformé en soie?*

On le filerait en Italie, en Syrie ou ailleurs, et il viendrait sous cette forme faire une concurrence d'autant plus grande à la filature que celle-ci serait privée d'une partie de ses moyens de production.

Donc, le résultat certain de tous ces efforts, s'ils aboutissaient, serait de porter un grave préjudice à la filature en l'acculant à cette alternative : ou ne produire que dans de mauvaises conditions faute de protection suffisante ou s'arrêter temporairement.

Mais ce préjudice aurait sa répercussion immédiate et non moins fâcheuse sur la sériciculture ; car toucher à l'une, c'est toucher à l'autre, puisqu'en somme, *c'est la même production*, production à deux degrés, si l'on veut.

Quoi qu'on dise, quoi qu'on fasse, misérable ou prospère, leur sort sera toujours commun.

Ce qui me confond, c'est que je ne parviens pas à comprendre où, quand et comment ces défenseurs singuliers de la sériciculture peuvent trouver que les cocons étrangers fassent une concurrence quelconque à notre production indigène.

Vraiment, je leur serais reconnaissant de me le démontrer. Ils se bornent à l'affirmer, c'est plus facile, ce n'est pas suffisant.

Pour moi, je vois au contraire que dans la dernière période décennale, la Sériciculture italienne avec laquelle la nôtre a le plus de rapport, a vendu ses cocons en moyenne *vingt centimes de moins ;* si l'on ajoute à cette différence la prime de 60 centimes, il s'ensuit que le sériciculteur français a vendu ses cocons *quatre-vingt centimes de plus*. N'est-ce pas déjà suffisant ? Cela ne répond-il pas péremptoirement à cette affirmation aventurée que le régime actuel ne protège pas suffisamment la sériciculture et qu'on en doit rendre la filature responsable.

Sous couleur, en effet, de sauvegarder les intérêts dont ils se sont institués les défenseurs, ces ennemis du cocon étranger ne sont pas éloignés de manifester à l'égard de la filature des dispositions peu amicales.

Avant d'aller plus loin dans cette voie, ils devraient réfléchir que, dans les pays étrangers où il n'y a que de la sériciculture, il n'est sortes de sacrifices que ces pays ne s'imposent, sortes d'avantages qu'ils ne fassent aux filateurs français et italiens pour les attirer chez eux afin d'y implanter leur industrie, tant ils ont reconnu qu'une sériciculture ne peut vraiment se développer qu'avec une filature à côté d'elle.

Ne seraient-ils pas mieux inspirés, ceux dont les efforts inconsidérés tendent à mettre en opposition des intérêts que l'on ne peut disjoindre sans leur porter un énorme préjudice, s'ils mettaient au service de leurs idées un esprit plus conciliant ?

Je ferai remarquer — dussé-je encourir l'accusation d'être trop « orfèvre » — que, sous ce rapport, la filature a toujours donné l'exemple de la plus grande modération, et ce n'est pas à elle qu'on pourra reprocher de rechercher l'amélioration de son sort aux dépens de celui du voisin.

Bien que je n'exprime ici qu'une opinion toute personnelle, je ne crois pas m'avancer beaucoup si j'affirme que la filature, malgré le préjudice inutile qui lui a été causé et qu'elle a supporté tant bien que mal — plutôt mal — ne fera pas du retour à la prime intégrale, c'est-à-dire du retour à la logique, une condition de son concours pour assurer le renouvellement de la loi telle qu'elle fonctionne actuellement.

Mais j'estime qu'il est de son devoir de protester toujours et encore contre cette proscription dont on voudrait frapper le cocon étranger, élément indispensable, jusqu'à nouvel ordre, de son industrie.

En tout cas, elle n'ira pas plus loin dans cette voie et

s'opposera de toutes ses forces à une réduction nouvelle quelle qu'elle soit.

Résignée au *statu quo*, elle nourrit l'espoir que l'agriculture de nos régions mieux éclairée, plus avertie, ne tardera pas à se convaincre que, de tous les produits du sol qu'elle cultive, la feuille de mûrier et l'élevage des vers à soie sont pour elle du meilleur rapport et lui permettent de retirer de son travail la plus fructueuse rémunération.

Une sorte de mode, de routine a jusqu'ici détourné bon nombre d'agriculteurs — et non des moindres — de cette production excellente entre toutes.

C'est par cette indifférence que l'on doit expliquer l'infériorité de notre production séricicole et non par l'emploi du cocon étranger ou parce que la prime est insuffisante.

Pourquoi ne cultive-t-on pas mieux le mûrier ? C'est cependant l'arbre le plus reconnaissant des soins qu'on lui donne ! Pourquoi n'en a-t-on pas planté davantage depuis quinze ans que fonctionne la loi des primes ? Pourquoi, au contraire, continue-t-on à planter de la vigne ? L'un donne de très beaux résultats, l'autre ne procure que des déboires, et c'est cependant la vigne qui reste, malgré tout, l'objet de l'attention préférée des cultivateurs.

Justifie qui pourra cette inconséquence. Si elle ne s'explique pas, elle explique tout de même pourquoi la sériciculture ne se développe pas. C'est contre cet état de choses que devraient s'élever ceux qui ont charge de défendre la sériciculture — je parle de ses défenseurs sérieux.

Par une propagande incessante, par des réunions,

des conférences, par la plume et la parole on devrait montrer combien mal avisés sont les agriculteurs qui délaissent les profits certains de l'élevage des vers à soie pour courir après les incertitudes — changées la plupart du temps en déceptions — de leurs autres récoltes.

Ah! les Italiens, dont l'intelligente préoccupation est si soutenue pour tout ce qui touche aux questions séricicoles, se gardent bien d'agir de même. Aucun effort ne leur coûte pour aller sans cesse en progressant.

Ce ne sont pas eux qui entravent l'emploi des cocons étrangers, ils font au contraire tout ce qu'ils peuvent *pour les attirer sur le marché de Milan.*

Ils n'y ont que trop réussi, et Marseille qui en avait jadis le monopole ne reçoit plus guère que la moitié de ce qui s'y importait il y a quelques années.

Nos voisins d'au delà des Alpes ont compris que tout ce qui peut développer la filature développe *ipso facto* la sériciculture. Aussi, de 41 millions de kilogrammes qu'ils récoltaient il y a dix ans, ils en sont aujourd'hui à 54 millions. Tandis que nous, avec nos primes, pendant le même laps de temps, nous avons péniblement oscillé autour d'une moyenne de 7 à 8 millions.

Je livre l'enseignement qui s'en dégage aux méditations de nos farouches proscripteurs des cocons étrangers.

Il convient de constater cependant qu'un certain revirement se manifeste en faveur de notre production indigène.

La récolte de 1907 a été de 10 pour 100 supérieure à sa devancière. C'est un heureux symptôme.

Rappelons-nous qu'à une époque la France produisait plus de vingt-cinq millions de kilogrammes de cocons.

Sans doute nous ne reverrons plus une telle quantité ;

mais si déjà la filature pouvait avoir à sa disposition, toute celle qui lui est nécessaire, quel progrès, quel profit pour tous !

La filature, qu'on le sache bien, a l'intérêt le plus grand à n'employer que des cocons français.

Ce qui fait sa place dans le monde — place hélas ! trop petite — c'est la qualité de la soie produite par ses cocons. Pour faire de la grège des Cévennes, il faut des cocons des Cévennes et non de Marseille. Vérité de la Palisse, sans doute, mais qu'il est utile d'énoncer quand on connaît les erreurs et les sophismes au moyen desquels on s'efforce d'obscurcir une question fort simple.

Aussi, plus on y réfléchit, plus il est malaisé de comprendre qu'on veuille rendre par l'emploi du cocon étranger, la filature responsable d'un tort — purement imaginaire d'ailleurs — causé à la sériciculture.

Bien au contraire, la filature saluerait avec joie la renaissance de cette production si nationale.

Ne fait-elle pas tout ce qu'elle peut pour l'encourager ? Veuillez me dire quel est le produit agricole qui se vend à de meilleures conditions, qui trouve un meilleur acheteur que le filateur français achetant ses cocons, presque sans marchander et aux plus hauts cours ?

Et c'est cet acheteur incomparable dont on veut réduire les moyens de production et, par suite, *les moyens d'achats !*

Si vous réussissiez, Messieurs les partisans trop ardents de la Prime différentielle, vous porteriez à la Sériciculture que vous prétendez défendre le coup le plus funeste.

Vous êtes parvenus à semer des germes de division dans un moment où la concorde est le plus nécessaire.

C'est déjà trop. Ce triste succès n'aura pas de lendemain, j'en ai la conviction ; l'*Union*, condition essentielle de la victoire, se fera malgré vous, car le bon sens finit toujours par reprendre ses droits. Il les reprendra dans la circonstance, soyez-en assurés, il saura distinguer l'erreur de la vérité, mettre toutes choses à leur vraie place et faire la part de chacun.

Je serais bien surpris si vous trouviez votre compte à cette justice distributive.

ALBERT MARTIN,
Filateur.

Lasalle, le 30 septembre 1907.

Lyon. — Imprimerie A. REY et Cie, 4, rue Gentil. — 40920

www.ingramcontent.com/pod-product-compliance
Ingram Content Group UK Ltd.
Pitfield, Milton Keynes, MK11 3LW, UK
UKHW020502220726
13923UKWH00006B/2705

9 782019 293253